HISTOIRE

DES

DÉLASSEMENTS-COMIQUES

Paris. — Imp. Vallée et Cᵉ, 15, rue Breda.

LES THEATRES DE PARIS

HISTOIRE

DES

DÉLASSEMENTS-COMIQUES

PAR

DEUX HABITUÉS DE L'ENDROIT

PARIS

IMPRIMERIE VALLÉE ET Cᵉ

15, rue Breda

1862

HISTOIRE

DES

DÉLASSEMENTS-COMIQUES

~~~~~~~

CHAPITRE PREMIER

PHYSIONOMIE GÉNÉRALE DE L'ANCIEN BOULEVARD DU TEMPLE.

En avant la grosse caisse et les cymbales ! Dzinn !..... dzinn !..... boum !..... boum !....

— Ce soir, au théâtre des Associés, on dònnera le *Grand Festin de Pierre, ou l'Athée foudroyé*... Entrez !... Prrr...nez vos billets... M. Pompéc jouera avec toute sa garde-robe..... Faites voir l'habit du pre-

mier acte !... Entrez !... M. Pompée chan-
gera douze fois de costumes !..... Il enlè-
vera la fille du commandeur avec une veste
à brandebourgs, et sera foudroyé avec un
habit à paillettes !.....

— En avant, la musique !... C'est ici !...
c'est ici qu'on voit l'homme squelette et
la femme sauvage !

— Entrez !... Prenez vos billets !... Vous
verrez ce qu'on n'a jamais vu, le chef-
d'œuvre de la mécanique !... le joueur de
flûte de M. Vaucanson n'est qu'un polisson,
et son canard une oie, à côté de la huitième
merveille du monde... L'homme en bois,
le colosse en chêne répondra à toutes les
questions dont voudra bien l'honorer l'aimable société.

— Prenez vos billets... voici le nain in-
comparable.

— Les animaux savants vont commencer leurs exercices !... Prenez !... Prrrr...nez vos billets...

Et de midi à minuit, sans trêve ni repos, musique de sonner, tambours de battre, crieurs de s'égosiller devant une foule immense, se renouvelant sans cesse, et toujours aussi curieuse, toujours aussi avide d'émotions !

L'ouvrier, allant à son ouvrage, ses outils sous le bras, s'arrêtait devant le père Rousseau. La grisette stationnait devant Bobèche, une oreille tendue du côté du pitre, l'autre ouverte aux propos d'un garde-française !

Devant Galimafré, le paillasse, on se pressait, on se heurtait, on se coudoyait, l'officier à côté du magistrat, le robin près du soldat, la petite bourgeoise frôlant la grande

dame, toutes les classes de la société se
mêlant : noblesse et robe, bourgeoisie,
peuple et le clergé lui-même, bravant le
chaud, bravant le froid pour écouter les
lazzi toujours drôles, quelquefois égril-
lards, plus souvent frondeurs, de tous ces
artistes en plein-vent qui firent du boulevard du Temple un lieu unique au monde,
dont la réputation fut et est restée euro-
péenne.

*
* *

Rendez-vous de ce que, dans tous les
temps, on est convenu d'appeler la meilleure société, le boulevard du Temple, il y
a soixante ans, était une véritable ker-
messe parisienne, une foire perpétuelle, un
landit de toute l'année où les viveurs, les
désœuvrés, les flâneurs trouvaient à rire,

à jouer, à se délasser aussi bien de jour que de nuit.

Alors comme aujourd'hui, les théâtres y avaient élu domicile; alors comme aujourd'hui, on y trouvait côte à côte un estaminet resplendissant et un café borgne; alors un grand nombr. de voitures brillantes stationnaient à la porte de deux modestes restaurants, les seuls établissements de ce genre où les gens du monde venaient faire des parties fines. Les auteurs dramatiques de l'époque, les Vadé, les Favart, les Saint-Foix allaient y célébrer leurs succès ou se consoler de leurs chutes; entre le champagne et le café, une jolie fille, la bayadère de ces cabarets, faisait entendre des couplets de Collé, de Piron, de l'abbé de Lattaignant : c'était Fanchon, *Fanchon la vielleuse!...*

*
* *

Tout le pittoresque a disparu peu à peu, par lambeaux, et déjà, il y a vingt ans, Brazier, un auteur dramatique qui eut plus d'un succès, s'écriait à chaque mutilation qu'on faisait subir au boulevard du Temple :

Encore une pierre qui tombe
Du boulevard de la Gaîté.

Bientôt, il ne restera plus rien .. rien que le souvenir de ce boulevard ; ce ne sera plus qu'une rue du Paris nouveau et régénéré, une rue propre et bien alignée, avec de belles maisons à cinq étages, avec des boutiques superbes et resplendissantes de glaces et de dorures.

*
* *

Les artistes, les amoureux du passé y auront beaucoup perdu sans doute, mais... tout le monde y aura aussi beaucoup gagné !

*
* *

Avant 1789, cinq théâtres, cinq vrais théâtres, attiraient le public au boulevard du Temple, c'étaient : le spectacle d'Audinot ; — le Théâtre des Associés ; — les Grands danseurs du Roi ;— les Délassements Comiques ; — le Salon de figures de Curtius.

Quant aux baraques en bois des bateleurs et des montreurs de curiosités, aux faiseurs de tours de gobelets, aux saltimbanques de tout genre, il faut renoncer à les énumérer.

*
* *

Au moment où nous écrivons, huit théâtres existent encore, mais la plupart ont reçu congé et vont complétement disparaître. Bientôt tous ces théâtres qui animaient le soir cette partie des boulevards, seront démolis et auront transporté leurs quinquets et leurs portants aux quatre coins de Paris.

Avant que leur dernière pierre ne tombe, nous avons voulu écrire la monographie de ces spectacles qui firent la joie de nos pères et la nôtre; le premier qui dit adieu au boulevard du Temple, c'est le théâtre des Délassements-Comiques; c'est

par lui que nous allons commencer la série
d'études que nous nous proposons de consa-
crer à chacun d'eux jusqu'au jour de leur
émigration.

Nous ne les suivrons pas plus loin, par
une raison bien simple, — elle n'en est pas
moins bonne : — nous ne prédisons pas
l'avenir.

CHAPITRE II

LA NOUVELLE SALLE DES DÉLASSEMENTS COMI-QUES, RUE DE PROVENCE, 26.

Vous croyez, peut-être, que nous allons suivre l'ordre chronologique, et commencer par le commencement?

Eh bien, non! nous ne suivrons aucun ordre; nous irons au courant de la plume, au hasard; nous prendrons l'histoire par la fin, ce qui, à propos d'histoire, est quelquefois la meilleure méthode pour le lecteur, car elle le dispense de lire le commencement.

*
* *

Quand, il y a un an, la démolition des théâtres fut décrétée pour l'ouverture du boulevard du Prince Eugène, M. Sari se mit immédiatement en campagne pour trouver une nouvelle salle, ou tout au moins un emplacement convenable pour en faire construire une.

L'Eldorado fut d'abord l'objet de ses désirs; un entêtement de vieille femme fit échouer les négociations.

M. Sari pensa alors à transporter ses pénates au faubourg Poissonnière, à l'Alcazar, dont le fondateur venait de mourir; là encore, le directeur des Délassements-Comiques ne trouva pas ce qu'il rêvait.

*
* *

Cependant, le moment du déménagement approchait ; M. le préfet de la Seine, dont on connaît les sympathies pour l'art et les artistes, mit alors à la disposition de M. Sari un emplacement acheté par la Ville pour la prolongation de la rue Le Peletier.

L'ouverture d'une rue nouvelle peut se reculer, mais une exploitation théâtrale qui fait vivre un nombreux personnel ne peut pas chômer ; c'est l'opinion de M. le préfet, et cette opinion est la bonne, de l'avis de tous. Puis, un théâtre comme les Délassements est plus qu'une entreprise commerciale, toujours respectable, mais qu'on peut indemniser, c'est une école pratique où les jeunes artistes viennent apprendre, c'est une pépinière de jeunes sujets qui fleuriront un jour sur des scènes plus élevées, c'est un Conservatoire qui rend à l'art au moins autant de services que le grand Conservatoire ; et plus loin, si vous voulez bien nous suivre, cher lecteur, vous verrez combien de comédiens qui sont la gloire et la richesse de nos grands théâtres, ont commencé et grandi dans ce petit jardin que des esprits légers appellent en souriant un *boui-boui*, mais que l'administration si paternelle et si intelligente du préfet de la Seine a raison de considérer comme une excellente école dramatique.

* *
*

La jouissance de l'emplacement de la rue

de Provence a été assurée à M. Sari pour deux ans au moins.; pendant ces deux années, les travaux de démolition du boulevard déblayeront sans doute un terrain convenable où, alors, pourra s'élever une salle définitive.

Les travaux de l'appropriation de la nouvelle salle des Délassements-Comiques ont commencé vers le 20 mars et ont été terminés pour le 15 mai 1862.

L'établissement existant, bâti pour une Exposition de peinture, a dû être reconstruit de fond en comble pour être transformé en une salle élégante et confortable, dont l'intérieur a été décoré avec un goût charmant par M. Delessert.

*
* *

Près de six cents spectateurs pourront

acilement trouver place dans la nouvelle salle.

Le parterre a été supprimé et remplacé par d'élégants fauteuils.

Derrière les loges découvertes règne un large couloir où l'on peut circuler et voir le spectacle, si on ne veut pas rester assis toute la soirée.

Une innovation qui sera goûtée particulièrement du public masculin, c'est un fumoir, — où est installé un buffet.

Des salons de conversation et un très-élégant foyer circulaire complètent les aménagements de cette jolie salle.

Enfin, les dispositions prises aux abords sont telles que le public entre au théâtre sans faire queue et se rend directement à ses places.

Le public qui peuplait les avant-scènes et les loges des Délassements du boulevard du Temple restera fidèle aux Délassements de la rue de Provence, public demi-mondain assez nombreux dans le quartier et dans les environs. On peut même dire que les Délassements se sont rapprochés de leurs habitués. Ceux-ci seraient donc bien ingrats s'ils ne répondaient pas aux avances de leur cher petit théâtre.

*
* *

M. Sari, lui, n'est pas un ingrat. Il amène au salon des Arts-Unis la plupart de ses anciens pensionnaires. Mais il a aussi renforcé sa troupe par l'engagement d'artistes nouveaux qui ont fait leurs preuves :

MM. Eugène Luguet et Train, ex-pensionnaires du Gymnase; Montrouge, qui revient au bercail; Couder, Mercier, Montel, Grivot, Varlet, Prat, etc.; Mlles Jeanne

Nantier, de la Porte-Saint-Martin; Fanny Dubuisson, des Variétés ; Armandine, de l'Ambigu-Comique ; Anna Bellanger ; Caroline Julien, du Théâtre-Déjazet ; Montessu, Tadée, Ygasty, King.

Le chef d'orchestre est maintenant M. Hervé, musicien bien connu par plusieurs opérettes dont certains morceaux sont devenus populaires.

Quatre pièces nouvelles ouvrent le nouveau théâtre :

Changement de domicile, prologue d'ouverture en un acte, par M. Alexandre Flan ;

La Fanfare de Saint-Cloud, opérette en un acte, paroles de M. Siraudin, musique de M. Hervé ;

Le Hussard persécuté, cascade en un acte, paroles et musique de M. Hervé ;

Les Amants de la Dame de pique, vaudeville en un acte, par M. Ernest Blum.

CHAPITRE III

NAISSANCE DU THÉATRE DES DÉLASSEMENTS-CO-
MIQUES. — SES PREMIERS PARRAINS.

Pendant l'été de 1841, sur le boulevard
du Temple, les ouvriers prirent possession,
pour le démolir, d'un théâtre qui, après
avoir été, avant 1789, le *Théâtre des Associés*,
avait successivement passé entre les mains
directoriales de Mme Saqui, dont il porta le

nom, puis du sieur Roux, dit Dorsay, qui l'avait baptisé *Théâtre du Temple*.

A sa place, une nouvelle salle fut construite, et l'ouverture, sous le titre de *Délassements-Comiques* qu'elle a conservé jusqu'à nos jours, eut lieu le 6 octobre de la même année.

Le privilége de ce nouveau théâtre avait été donné à MM. Ferdinand Laloue et Edmond Triqueries.

Au bout d'un an, Ferdinand Laloue céda ses droits à un sieur Ducré, qui devint seul directeur en 1845, lorsque Triqueries mourut.

Trois autres directeurs ont passé aux Délassements-Comiques : Raimbaut, Émile Taigny, Hiltbrunner; à M. Hiltbrunner a succédé M. Léon Sari, en 1857.

CHAPITRE IV

ARTISTES PLUS OU MOINS CÉLÈBRES QUI ONT PARU
SUR LE THÉATRE DES DÉLASSEMENTS-COMIQUES.

Il peut se faire que, dans cette nomencla-
ture, nous oubliions quelques artistes. Si ce
malheur arrive, ce sera seulement la faute
de notre mémoire.

Ont paru sur les planches des Délassements-Comiques :

Sevin, — mort de ses blessures après les journées de juin 1848 ; il jouait les pères nobles et les comiques marqués ;

Sagedieu ; — Léon Mourot ;

Poizard, — qui était resté quelque temps au théâtre de la Renaissance ; jeune premier comique dans le genre de Leriche ;

Octave, — que nous avons vu au Palais-Royal ;

Léon Desormes ;

Emile Viltard, — qui venait du Théâtre Beaumarchais (alors appelé théâtre Saint-Antoine) et qui est aujourd'hui un des artistes les plus aimés du public des Folies-Dramatiques ;

Constant, — qui avait joué à l'Ambigu, de 1831 à 1833, les pères et les premiers rôles marqués ;

Barthélemy, — qui avait joué des comiques au Palais-Royal ;

Markais, — aujourd'hui aux Folies-Dramatiques ;

Mme Clara Carben, — sœur de Léontine ;

Mlle Caroline Bader, — aujourd'hui aux Variétés ;

Alexandre Guyon, — qui y débute cette semaine ;

Mlle Jane Essler, — aujourd'hui à l'Ambigu.

Christian, Charles Blondelet, Mlle Alphonsine, aujourd'hui pensionnaires de M. Hippolyte Cogniard.

En 1848, Laferrière joua aux Délassements un drame-vaudeville : *Maurice ou le Garde mobile.*

N'oublions pas de rappeler que Deburau fils fut intéressé dans la direction Hiltbrunner, et qu'il essaya vainement d'acclimater la pantomime sur ce théâtre.

CHAPITRE V

Donc, en avril 1857, M. Sari devient directeur du théâtre des Délassements-Comiques.

Retenez bien cette date, s'il vous plaît ! car elle doit compter dans l'histoire de ce petit théâtre.

Notre avis est — et pourquoi le public ne

partagerait-il pas notre opinion ? — notre
avis est qu'à partir du mois d'avril 1857,
commencent seulement les véritables Délassements et leur véritable règne. Aujourd'hui,
grâce à M. Sari, les Délassements *existent*;
ils vivent, ils se portent bien, ils occupent
l'attention publique, et ils ne veulent pas
déchoir du rang que leur nouveau directeur
leur a fait prendre au milieu des autres
théâtres parisiens.

Le bon public s'imagine volontiers qu'un
directeur quelconque, arrivant dans un
théâtre, n'a plus qu'à se croiser les bras et
à encaisser les recettes? Le bon public se
trompe, voilà tout.

Quand M. Sari entra aux Délassements,
il n'y trouva plus personne, ni artistes, ni
décors, ni matériel. Ceci est de l'histoire.
Il lui fallut, — en quinze jours, — former
une troupe, obtenir une pièce, la faire ap-

prendre à ses pensionnaires et l'encadrer
dans une mise en scène toute neuve. Ce
tour de force fut réalisé. Quinze jours après
sa nomination, M. Sari faisait afficher la
première représentation de l'*Escarcelle d'or*,
féerie en vingt tableaux, de MM. Ernest
Blum et Alexandre Flan.

Blum et Flan, Flan et Blum, voilà deux
noms aussi inséparables que ceux des sieurs
Nisus et Euryale, de touchante mémoire.
Ils sont étroitement liés à l'histoire des
Délassements-Comiques. Ne vous étonnez
donc pas s'ils reviennent fréquemment
sous notre plume. A peine pourrait-on citer
six pièces sans écrire au-dessous ces deux
monosyllabes en qualité de collabora-
teurs.

Eux aussi, ils ont vaillamment contribué
à la prospérité des *Délass-Com*, ainsi qu'on
appelle familièrement ce gentil petit théâtre.

Ce que MM. Alexandre Flan et Ernest Blum
ont, en cinq années, dépensé de verve et
d'esprit pour alimenter le répertoire, nous
n'essayerons pas de le dire ; d'abord, parce
que cela n'est pas possible; ensuite, parce
que tout le monde le sait. Ces deux raisons
sont-elles suffisantes?

*
* *

MM. Amédée de Jallais et Jules Renard
méritent aussi une mention spéciale. Qui
ne se souvient encore de leur amusante
revue intitulée : *La toile ou mes quat'sous?*
Était-ce assez bourré de drôleries, de feli-
chonneries et de couplets spirituels! Cette
fameuse *Toile* eut un grand nombre de représentations, et, pour notre part, nous
pouvons dire que nous sommes allés la voir
au moins trente-sept fois. Si nous ne disons

pas cinquante, c'est que nous avons peur de passer pour des paresseux qui ne savent comment employer leur soirée.

Et les *Odalisques de Ka-Kao*, les avez-vous oubliées? Non, n'est-ce pas? L'ingratitude a beau être l'indépendance du cœur, nous ne vous supposons pas assez ingrats pour oublier ce qui vous a fait rire de si bon cœur. Cependant, la pièce de MM. Zaccone et Élie Frébault ne nous vit pas aussi assidus à suivre ses représentations. A quoi cela pouvait-il bien tenir?... Peut-être à ce que, chaque soir, il ne restait plus de place dans la salle. Oui, ce doit être là la raison. Passons !

*
* *

Il nous vient une idée ! — Si, pour arriver plus vite au côté pittoresque des Délas-

sements, nous faisions une rapide nomen-
clature des pièces qui y ont été jouées
jusqu'à ce jour?... Hein! qu'en dites-vous?
— Vous ne dites rien?... Alors, c'est convenu. En avant!

*
* *

Le succès du *Fils naturel*, au Gymnase,
inspira à MM. Amédée de Jallais et Ernest
Blum une grande parodie à laquelle ils
donnèrent ce titre : *Les Re-Saltimbanques*,
en cinq tableaux. Nous n'insisterons pas
sur cette pièce : les auteurs ont eu l'esprit
de ne pas la faire imprimer. Péché par-
donné!

Nopces et festins, trois actes, de MM. Blum,
de Jallais et Cardoze, furent plus heureux.
Cette pochade était fort amusante.

Ernest Blum a donné à ce théâtre plusieurs petites pièces en un acte, gais levers de rideau : *Horace et Liline*, de lui seul; *les Amoureux de Claudine*, avec de Jallais et Édouard Montagne ; *Dans une Boutique*, avec M. Victor Koning.

*
* *

Les grandes pièces qui suivent ont fourni une carrière plus ou moins longue. Il y en a eu de plus réussies les unes que les autres, mais aucune d'elles n'est tombée. Si la pointe du couplet était parfois un peu émoussée, en revanche la jeune artiste qui le chantait avait la jambe si provocante, si bien prise dans son maillot rose, que le public *épaté* criait *bis* quand même, afin de pouvoir lorgner la jambe une minute de plus. Bref, le succès a toujours eu une raison ou une autre, et celle-là était sans réplique.

*
* *

Parmi les plus amusantes grandes *machines* que nous avons applaudies là-bas dans ces dernières années, nous devons citer :

Suivez le monde !... revue de 1857 en trois actes et vingt tableaux, précédée du *Royaume des chiffres,* prologue en un acte, par MM. A. de Jallais, Alexandre Flan et Ernest Blum ; représentée le 24 décembre 1857 ;

Il n'y a plus d'enfants, cauchemar en trois actes et neuf tableaux, par MM. Henry de Kock et Ernest Blum; représenté le 7 septembre 1859;

Les Délassements en vacances, délassement comique en trois actes et vingt tableaux;

précédé de *Au Déménagement !* prologue en un acte, par MM. Ernest Blum et Alexandre Flan ; représenté le 22 octobre 1859 ;

L'Almanach comique, délassement comique en trois actes et vingt-deux tableaux, précédé de *le Coucher du Soleil,* prologue en deux parties, par MM. Alexandre Flan et Ernest Blum ; représenté le 11 mars 1860 ;

A vos souhaits !... revue de 1860, en trois actes et vingt tableaux, précédée de *le Second Déluge,* prologue en un acte, par MM. Blum et Flan ; représentée le 29 décembre 1860 ;

Les Photographies Comiques, délassement comique en vingt tableaux, précédé de *le Palais des Délassements,* prologue en deux tableaux, par MM. Flan et Blum ; représenté le 2 avril 1861 ;

Paris-Journal, pièce en trois actes et

quinze tableaux, par MM. Flan et Blum ;
représentée le 4 septembre 1861;

Le Plat du jour, revue de l'année 1861 en
trois actes et vingt tableaux, précédée de
le Libre échange aux Délassements-Comiques,
prologue en un acte, par MM. Flan et Blum ;
représentée le 21 décembre 1861.

N'oublions pas *les Bébés*, de MM. Jules
Renard et de Jallais, et surtout *Allez vous
asseoir*, une revue qui est un succès énorme.

Il y a bien eu aussi *la Tour de Nesle pour
rire* et *Zig-zags*, des mêmes auteurs, mais
nous n'en parlons que pour ne rien oublier
dans notre liste.

Enfin, quand le *Plat du jour* eut été goûté
par tout le monde, MM. Blum et Flan, déjà
nommés plus d'une fois, servirent à leur
public un autre plat de leur façon, le
Bénéfice de Rouflaquet, dans lequel ils in-
tercalèrent, avec leur habileté habituelle,

les tableaux les plus amusants des pièces que nous avons citées. C'est avec le *Bénéfice de Rouflaquet* que les Délassements viennent de faire leurs adieux au boulevard du Temple.

CHAPITRE VI.

DERRIÈRE LE RIDEAU. — M. SARI. — LES OISEAUX
ENVOLÉS.

Il n'est pas de théâtre dont les coulisses soient plus curieuses à étudier que celles des Délassements. Au Théâtre-Français, ces messieurs et ces dames se permettent quelquefois le petit mot pour rire, mais leurs plaisanteries sont souvent du simple marivaudage. Aux Délassements, qui ne sont pourtant pas la maison de Molière, se retrouvent l'esprit gaulois, le mot vif, souvent leste, et la vraie gaieté. En de certains jours, tout le monde y est spirituel : le pompier de service lui-même est badin.

M. Sari est un directeur intelligent, qui a fait ses preuves, et un homme d'esprit, dont les artistes citent les mots avec respect. Adoré de ses pensionnaires, hommes et femmes, il est presque leur camarade, et cependant, quand il commande, il est obéi comme un colonel. Directeur actif, toujours ennemi du bien quand il peut faire mieux, mais surtout directeur-artiste, il a su introduire un peu d'art dans un théâtre débraillé, et cela rien qu'avec sa mise en scène soignée, ses décors et ses costumes. Sur une scène grande comme le dé de Jenny l'ouvrière, il est parvenu à faire représenter des pièces en vingt tableaux, avec des trucs compliqués, au milieu desquels manœuvre sans accident tout un bataillon de petites dames. Leurs jupes sont un peu courtes, mais le théâtre est si petit !... il faut bien, à tout prix, éviter l'encombrement des longues robes !...

*
* *

Autrefois, à la Comédie-Française, quand une des actrices avait un sujet de mécontentement quelconque, Arsène Houssaye faisait venir la dame dans son cabinet directorial, et, quelques instants après, elle sortait calmée. On s'est longtemps demandé quel philtre secret pouvait produire un si heureux et si brusque changement. Nous, nous croyons tout simplement que M. Arsène Houssaye savait, par son aménité seule, opérer ce prodige.

Eh bien ! aux Délassements, il arrive souvent — oh! mais, très-souvent — que l'amour-propre des actrices soit froissé pour ceci ou pour cela, — cherchez les motifs ! Sari est alors le seul homme qui puisse leur faire entendre raison. Il les dompte, il les subjugue ; il les fait rire, et elles sont désarmées. Sari est l'Arsène Houssaye des Délassements.

Pour obtenir d'elles qu'elles ne manquent pas les répétitions, qu'elles n'abandonnent pas leurs rôles quand la pièce est lancée, le directeur doit accomplir des prodiges de fascination. Oui, évidemment, c'est bien cela : il les fascine, car il obtient tout ce qu'il veut sans cris, sans colère, sans paroles dures. — Ne parlons pas des amendes : elles n'existent *presque pas* aux Délassements-Comiques.

M. Sari a nommé comme administrateur

général de son nouveau théâtre, son ancien contrôleur, M. Roland, qui met au service de son directeur toute son intelligence, tout son zèle.

*
* *

Depuis que M. Sari est directeur des Délassements, plusieurs de ses pensionnaires se sont envolés vers des scènes plus élevées:

Tacova — un futur Sainville — est aux Bouffes ;

Montrouge, le neveu de Léon Gozlan, a successivement joué aux Folies-Dramatiques, aux Variétés et à la Porte-Saint-Martin ;

Abel Brun a passé au Théâtre-Déjazet ;

Camille, aux Folies-Dramatiques ;

Octave, au Vaudeville ;

Mme Pélagie Colbrun est aussi au Vaudeville ;

Mlle Elmire Paurelle également, — et
elle commence à s'y faire remarquer dans
l'emploi des soubrettes ;

Mlle Clémentine s'est montrée au Théâtre-
Déjazet ; elle n'y a pas brillé d'un vif éclat,
mais, à la Porte-Saint-Martin, dans le *Pied
de Mouton*, tout le monde a pu voir qu'elle
ne maigrit pas ;

Mlle Flore a chanté un air de valse aux
Variétés, un air de valse au Palais-Royal,
et en chantera probablement un troisième
— pour varier — dans le théâtre qui l'en-
gagera maintenant ;

Mlle Georgette Olivier est devenue une des
ingénues brunes de M. Hippolyte Cogniard ;
elle n'a qu'un tort, c'est de vouloir imiter
Judith Ferreyra ;

Mlle Moïse commence à jouer des rôles
importants dans les vaudevilles en un acte,
chez M. Déjazet ;

Mlle Henriette a disparu de l'horizon théâtral, après avoir joué quelque temps au Cirque-Impérial ;

Mlle Clotilde est pensionnaire du Vaudeville ;

Mlle Crénisse n'a pas à se plaindre d'être au Palais-Royal ; elle fera bien d'y rester le plus longtemps possible.

Voilà à peu près tous les oiseaux qui ont quitté, sinon leur premier nid, du moins la scène où ils ont essayé sérieusement leurs premières ailes. En somme, il en est, parmi eux, qui, après avoir voltigé de théâtre en théâtre, finiront par s'arrêter quelque part. Aussi, selon nous, les Délassements sont un excellent *Préparatoire*, — on dit bien Conservatoire — pour les jeunes artistes des deux sexes qui ne se destinent pas à la tragédie.

CHAPITRE VII

LE FOYER. — LE PUBLIC DE LA PREMIÈRE REPRÉSEN-
TATION. — LES ARTISTES.

Si tout le théâtre des Délassements-Comiques peut être comparé à une coquille
de noix, à quoi comparerons-nous la gran-
deur du foyer des artistes? Et cependant,
malgré son exiguïté, ce foyer a été hanté
par des illustrations de tout genre. Celles
qui touchent au monde littéraire ou théâ-

tral se nomment Edmond About, Alphonse Royer, Mario Uchard, Henry Mürger, Hippolyte Cogniard, Lafontaine, Henry Delaage, Lambert Thiboust, Ludovic Halévy, etc., etc.

Quand il entre dans le sanctuaire, Ernest Blum est immédiatement entouré, fêté, choyé, caressé par toutes ces demoiselles. Celle-ci lui demande un couplet de plus, celle-là un rondeau, une autre un sac de bonbons. Blum, — il faut le dire à sa louange, — ne sait rien refuser.

L'autre seigneur du lieu, Alexandre Flan, prodigue moins sa présence. On ne le voit guère au théâtre que le jour de la répétition générale et le jour de la première représentation.

*
* *

Lorsqu'il y a sur l'affiche des Délassements ces mots magiques : « Aujourd'hui, première représentation de... » tout Paris est en fête. Si le bourdon de Notre-Dame n'annonce pas cette importante solennité, c'est qu'elle est par trop profane.

Le soir, la salle se trouve garnie d'un public spécial. Tout le monde se connaît, tout le monde se salue. On se sourit, on cause, et, quand on est à deux ou trois mètres de distance, on s'envoie des baisers. Parole d'honneur !

Quels sont donc ces gens sans façon ? Eh ! mon Dieu ! des viveurs, des viveuses, des gandins, des gandines, des journalistes, des auteurs, tous très-bons enfants et faisant excellent ménage ensemble. Si le tutoiement n'est pas encore adopté par eux comme une règle générale, prenez patience, ça viendra bientôt.

Outre les célébrités citées plus haut, une première représentation amène fatalement au théâtre Henry de Pène, d'Ennery, Marc Fournier, Nestor Roqueplan, Jules Noriac, Hector Crémieux, Gustave Claudin, Paul de Saint-Victor, Adolphe Gaïffe, Paul Dalloz, Siraudin, Xavier Aubryet, Louis Huart, Henri Rochefort, Adrien Huart, Eugène Déjazet, Eugène Rousseau, Raymond Deslandes, Édouard Martin, H. de Villemessant, Delacour, Pol Mercier, Albert Dormeuil, etc., etc... Les académiciens y sont plus rares.

Comme vous le voyez, agréable est la compagnie.

Quant aux dames, nos coquines les plus distinguées sont toutes exactes au rendez-vous. Après l'épithète de *coquines*, qui n'est pas très-polie, vous nous permettrez de ne citer aucun nom.

Les gandins qui ne sont pas venus à
temps pour louer des places, restent
debout dans les couloirs, de sept heures à
minuit et demi, — sans se plaindre. Les
plus heureux, ou plutôt les premiers arri-
vés, s'alignent dans le couloir des premières
loges. Là, ils passent leurs bras par-dessus
la balustrade, allongent coquettement leurs
manchettes, se promènent la main dans les
cheveux, et, souriant à droite, souriant à
gauche, applaudissent à tout rompre les
entrées, les sorties, les couplets, les costumes, les trucs, les décors. — La claque
et la bégueulerie sont deux fléaux inconnus
aux Délassements.

*
* *

Les artistes qui, dans ces dernières annécs, ont vaillamment *pioché* pour soutenir le théâtre au niveau où il est arrivé, méritent de sincères éloges. Sans doute, le public n'est pas exigeant, mais encore faut-il qu'il ne regrette pas sa monnaie. Eh bien ! chaque pièce de MM. Blum et Flan a été jouée avec un ensemble rare, digne de scènes plus aristocratiques. Le zèle, la bonne volonté et le talent font ces petits miracles-là.

En première ligne, nous devons mentionner M. Oscar, artiste et régisseur. Il a été secrétaire du Théâtre-Italien, directeur du Panthéon; il a doublé Alcide Tousez au Palais-Royal, et aujourd'hui il est le compère obligé — et excellent — de toutes les revues qui se jouent aux Délassements. Dans les *Mémoires de Rigolboche*, Ernest Blum raconte qu'Oscar se lève à neuf heures du matin, qu'il vient faire répéter jusqu'à quatre heures, et qu'il joue le soir, jusqu'à minuit, un rôle écrasant.

Comment se fait-il qu'avec autant de ressources il reste aux Délassements ?

D'abord, les Délassements lui rapportent beaucoup d'argent : il s'y fait avec ses cours à domicile, sa régie, ses représentations et ses droits d'auteur, quelque chose comme sept ou huit mille francs par an. De plus, il est là dans son milieu, dans son élément. C'est un esprit bohème avant tout. La réponse suivante, qu'il a faite un jour à certain quidam, suffit à expliquer sa conduite :

— Pourquoi restez-vous ici ? lui demandait-on.

— Parce que je m'y amuse.

N'oublions pas Lallemand et Couder, deux précieux brûleurs de planches. L'un vient du théâtre de Batignolles, l'autre de celui de Liége.

Dans la revue *A vos souhaits*, Houdin était fort drôle sous les traits de Gandinet, le jeune homme mis en loterie au Casino d'Asnières. — C'est dans le même tableau que l'on voyait les actrices des Délassements, au moins les dix plus jolies, descendre dans l'orchestre, et là, remplaçant les musiciens ordinaires, exécuter sur divers instruments, avec Mlle Mélanie pour chef d'orchestre, un quadrille échevelé, plein de fougue.

Nous vous laissons à penser si, pendant tout le temps que dura cette revue, les fauteuils du premier rang de l'orchestre se louèrent à des prix fabuleux. Ces places-là étaient si commodes pour risquer un soupir timide, une œillade et même un poulet! — Un soir, en jouant du trombone, Mlle X...

fit un couac affreux : elle en chercha la cause et la trouva dans l'intérieur de son instrument, où un gandin avait glissé une lettre de six pages.

*
* *

Les autres artistes qui ont encore contribué à la prospérité de ce théâtre, sont : MM. Mérigot, Gothi père et fils, Alexandre, Pelletier, Hoffmann, Lemonnier, Wilfrid, M. Bordet, Dalhias, Mmes Mélanie, Maria Paurelle, Anna, Léonie, Jeanne, Tanésy, Rameau, Alice, Mélina, Mentz, Lasseny, Hermance, Gérard, Bruyère, Griff, Meyer, Fèvre, Adèle, Bayard, Victorine, etc... — Toutes ces petites dames étant fort connues, le lecteur comprendra pourquoi nous n'en-

trons pas dans des détails biographiques :
la vie privée est une chambre noire dont
notre plume n'ose pas — aujourd'hui surtout — sonder les mystérieuses profon-
deurs.

———————

CHAPITRE VIII

RIGOLBOCHE AUX DÉLASSEMENTS.

Dans notre liste des pièces jouées aux Délassements sous la direction Sari, nous avons omis à dessein de parler d'une de celles qui y eurent le plus de succès — un succès de 120 représentations, — *Folichons et Folichonnettes*, de MM. Vernon et Maxence.

Ces deux noms sont les pseudonymes de Paul Delavigne (mort l'an dernier), et de

M. Arthur Delavigne, fils de Germain Delavigne et neveux de l'auteur des *Messéniennes*.

Le succès de *Folichons et Folichonnettes* se
rattache si intimement aux débuts de Rigolboche au théâtre, que cette pièce méri-
tait un chapitre spécial, aussi bien que la
danseuse qui fit tant pour elle des pieds et
des mains — mais surtout des pieds.

*
* *

Dans ses *Mémoires*, Marguerite la Hugue-
note trace des coulisses des Délassements
une peinture vive, colorée, exacte, mais
elle est assez peu explicite sur son propre
compte. Voici en quels termes elle annonce
son entrée chez M. Sari :

« A partir du moment où je m'étais mise
sérieusement à étudier mon art, je dansais au
Casino et rue Buffault avec un entrain et

un succès sans égal. Mes admirateurs me conseillaient déjà d'entrer au théâtre. Ils m'y prédisaient des triomphes. J'étais assez de leur avis, mais l'occasion manquait.

» Elle se présenta sous les traits d'Henry Delaage, aussi savant dans toutes les sciences mystérieuses que le comte de Cagliostro lui-même.

» Tout le monde connaît Henry Delaage, comme Henry Delaage connaît tout le monde. C'est un charmant et spirituel garçon, qui doit avoir entre cent ou cent cinquante ans, et qui n'en paraît que trente.

» Je le rencontrai un soir aux Italiens (1) ; il me proposa d'entrer aux Délassements.

(1) Aux Italiens ?... Oh ! là là !
(*Note de la rédaction.*)

» Un de ses amis, — Arthur Delavigne, — y faisait répéter une pièce : *Folichons et Folichonnettes*, dans laquelle on voulait intercaler un quadrille de canotiers, lequel quadrille réclamait le concours d'une danseuse de qualité.

» J'acceptai avec empressement. Le lendemain, il me présenta à M. Sari, qui m'engagea sur-le-champ. »

Voilà tout.

Serait-ce par modestie que Mlle Marguerite ne parle pas de son succès ? Nous n'osons le croire.

Toujours est-il que la danseuse du Casino, inventée par Manè, obtint un triomphe sans précédent dans les annales de la chorégraphie folichonne. Des dames *de la haute* — de très-nobles dames — se hasardèrent aux Délassements pour y voir la merveille excentrique dont raffolait *tout*

Paris. Quant aux hommes, il n'en est pas un qui ne soit venu l'applaudir au moment où, chaque soir, du bout de sa bottine, elle brisait une des bobêches du lustre.

*
* *

Aujourd'hui, Marguerite est *lancée*, comme disait Hyacinthe. Mais ce n'est pas au comique du Palais-Royal qu'elle doit sa fortune. Non ! Elle la doit au mystérieux personnage qui signe du nom de Manè le feuilleton de l'*Indépendance belge*. Manè a été le véritable *lanceur* de Rigolboche. C'est lui qui l'a dénichée dans la tourbe des pauvres cabrioleuses des bals publics ; puis, lui donnant sa bénédiction, il a fait d'elle, par une suite de réclames bien tournées, d'anecdotes piquantes, une femme célèbre, une reine, une gloire que M. Jules Janin seul n'a pas su apprécier à sa juste valeur.

*
* *

Pour en finir avec la protégée de Manè, disons que, quelque temps après *Folichons et Folichonnettes*, Marguerite voulut *jouer la comédie*. Elle parut dans je ne sais plus quelle pièce ; elle parut, elle parla !!! Mais, hélas ! sa diction n'était pas aussi pure que le fond de son cœur, où se cachaient sans doute les meilleures intentions du monde ; son organe n'avait pas la fraîcheur de celui de Bressant : Marguerite, vouée à l'enrouement perpétuel, n'obtint qu'un succès médiocre.

Depuis lors, elle est rentrée dans le courant fiévreux de la vie parisienne. Ses intimes la voient chez elle. Quant aux provinciaux qui désireraient repaître leurs yeux de la vue de cette excellente fille, — la voir et puis mourir ! — ils n'ont qu'à se poster à l'entrée du bois de Boulogne : tous les jours, de quatre à cinq heures, Marguerite passera dans un panier à salade.

N. B. — Quand il pleut, elle se promène dans un élégant coupé bien fermé, de peur de s'enrhumer davantage.

Mlle Colombä, ou Colombat, à essayé de faire oublier Rigolboche aux Délassements. Franchement, ça n'a pas été possible. En revanche, Colomba n'est pas enrouée, et elle joue déjà très-gentiment de petits rôles.

CHAPITRE IX.

REVUE RÉTROSPECTIVE. — THÉATRE DES DÉ-
LASSEMENTS-COMIQUES, PREMIER DU NOM.

Maintenant que nous avons épuisé l'histoire contemporaine, retournons sur nos
pas, si le voyage que nous avons entrepris
ensemble ne vous a pas trop ennuyé.

Nous avons dit que parmi les théâtres
qui, en 1789, s'élevaient sur le boulevard
du Temple, il en était un qui portait le nom

de *Délassements-Comiques* ; dans l'histoire
générale des théâtres, il occupe une petite
place, mais qui ne manque cependant pas
d'importance.

*
* *

C'est sur l'emplacement qui sépare le
Cirque-Impérial et le Théâtre-Lyrique, alors
l'hôtel Foulon, là où nous avons vu, il y a
vingt ans, le fameux café de l'*Epi-Scié*,
qu'un comédien-auteur, nommé Plancher,
dit de Valcour, fit élever un théâtre qu'il
baptisa : *Théâtre des Délassements-Comiques*.

Les débuts furent heureux, et la direction était en pleine prospérité, lorsqu'en
1787, un incendie dévora en quelques
heures la salle et le matériel.

Une nouvelle salle fut reconstruite aussitôt; mais la direction eut à lutter contre la jalousie des spectacles voisins, qui adressèrent plaintes sur plaintes au lieutenant de police, M. Lenoir, et obtinrent de lui une ordonnance qui enjoignait au *Théâtre des Délassements-Comiques* de ne représenter que des pantomimes, de n'avoir jamais plus de trois acteurs en scène et même d'élever une gaze entre eux et le public.

Avec de semblables restrictions, le théâtre n'aurait pu résister longtemps, si la révolution de 1789 n'était venue déchirer la gaze et donner aux théâtres la liberté de parler, de chanter, et même de danser.

*
* *

Auteur médiocre, Plancher-Valcour a composé beaucoup de pièces de circonstance, dont les principales sont : *Le Vous et le Toi ; — Pourquoi pas, ou le Roturier parvenu ; — La Discipline républicaine ; — Le Tombeau des Imposteurs* ou *l'Inauguration du Temple de la Vérité ; — Sans-Culottide dramatique*, dédiée au Pape.

Ces titres indiquent suffisamment à quelle époque les pièces furent composées.

*
* *

Cette époque n'était pas heureuse pour les théâtres, les directions ne faisaient pas fortune ; cependant elles appelaient à leur secours tous les genres de spectacle pour attirer le public. Dans les journaux du temps on retrouve la composition des spectacles, et aux *Délassements-Comiques*, on voit que de deux jours l'un, un célèbre physicien donnait des représentations de magie et de tours d'adresse, alternant avec le répertoire ordinaire.

Ainsi, dans les journaux de 1791, on lit :

« Aujourd'hui, à six heures et demie, dans la salle des *Délassements-Comiques*, M. Perrin, physicien célèbre, donnera une représentation de ses prestiges :

» 1° *L'Encrier uniquement et parfaitement isolé, qui fournit à volonté de l'encre rouge, bleue, verte, lilas, etc.* (Cet encrier ressemble beaucoup à la bouteille inépuisable de Robert-Houdin.)

» 2° *Le grand tour du citron ;*

» 3° *Le grand tour de la Colombe qui rapporte une bague mise dans un pistolet véritable et tiré par une croisée ;*

» 4° *L'expérience de la montre pilée dans un mortier, et retrouvée aussi belle qu'auparavant*, etc., etc. »

L'affiche du lendemain porte : *Les Chasseurs et la Laitière* ; — *Les Folies amoureuses* ; — et *la Constitution villageoise*, vaudeville patriotique en deux actes.

*
* *

En 1792, Plancher-Valcour abdiqua en faveur de Colon, dont la direction ne fut guère plus heureuse.

*
* *

En 1799, la direction passa entre les mains de Deharme et de sa femme, tous deux comédiens, qui formèrent une nouvelle troupe jouant la tragédie, la comédie et même l'opéra d'une façon satisfaisante.

*
* *

Brazier attribue à Deharme cette affiche
qui excita un rire fou dans le monde et
dans les coulisses :

THÉATRE DES DÉLASSEMENTS-COMIQUES.

—

*Aujourd'hui 5 vendémiaire, an VI de la
République.*

Première représentation de

LA SOUVERAINETÉ DU PEUPLE,
Comédie, suivie de

LES HORREURS DE LA MISÈRE !
Drame terminé par

LA DÉBACLE,
Parade mêlée de couplets.

*
* *

Quoi qu'en dise Brazier, nous ne croyons pas que cette burlesque composition de spectacle ait jamais existé. Sa mémoire l'aura trompé sans doute, et il aura attribué au théâtre des Délassements cette annonce d'un spectacle et de pièces imaginaires, comme les journaux de l'époque s'amusaient à en composer pour faire la critique du gouvernement; ce genre de plaisanterie, mis à la mode, dès 1789, par le journal royaliste *les Actes des apôtres*, fut répété fréquemment par les journaux et les pamphlets de toute nuance, pendant la révolution et sous le Directoire.

*
* *

Parmi les acteurs qui composaient la troupe des Délassements Comiques, sous la

5.

direction de Deharme, plusieurs ont brillé sur des scènes plus élevées :

*
* *

Joanni, une des gloires du Théâtre-Français, se faisait applaudir dans *Oreste*, *Néron*, *Britannicus*, et annonçait déjà ce qu'il devait être plus tard. Il quitta les Délassements-Comiques pour la province, revint à Paris à l'Odéon, puis débuta à la Comédie-Française où il occupa pendant longtemps une place importante à côté des Talma, des Raucourt, des Duchesnois.

*
* *

Potier, le grand comique, s'essaya aux Délassements-Comiques avant d'aller en province ; Brazier se rappelait l'avoir vu, à cette époque, fort plaisant déjà dans le cocher des *Visitandines*.

En 1809, Potier débuta aux Variétés dans *Maître André et Poinsinet*, rôle créé par Brunet, alors à l'apogée de sa gloire. Potier arrivait de Nantes et fut accueilli avec un peu de froideur; quelques sifflets même se firent entendre. Le public lui trouvait, dit Brazier, la voix rauque, caverneuse, le débit lent, froid, monotone.

— J'en suis bien fâché, disait Potier en riant, mais les Parisiens me prendront comme cela, ou je reprendrai le chemin de la province.

Potier persista dans sa manière de jouer, et le public, qui l'avait jugé médiocre, finit par le trouver ce qu'il était, un des meilleurs comédiens qui aient jamais paru sur la scène.

— Potier est le comédien le plus complet que j'aie connu, disait Talma.

*
* *

Joly, qui, plus tard, se fit applaudir aux Variétés et au Vaudeville, avait débuté aux Délassements dans un monologue écrit exprès pour lui par Brazier et intitulé : *L'Ivrogne tout seul.*

C'était à l'époque où il était question d'effectuer une descente en Angleterre, et le couplet suivant, toujours bissé, était accueilli par d'enthousiastes bravos :

Si pour descendre en Angleterre,
Faisant un miracle nouveau,
Dieu, comme aux beaux jours de la terre,
En vin pouvait transformer l'eau;

Les Anglais, vous pouvez m'en croire,
Redouteraient un grand échec ;
Car bientôt, à force de boire,
Chez eux on irait à pied sec.

Bon dans tous les rôles, Joly excellai
surtout dans les rôles d'ivrognes.

*
* *

Deharme, le directeur, n'était pas lui-
même mauvais comédien ; de plus, il jouait
un peu de tout, et, dans la même soirée, il
paraissait dans *Abel, les Fausses infidélités*
et jouait Colin du *Devin du village*.

Parmi les acteurs de la troupe, on ap-
plaudissait encore Cazot, qui eut une cer-
taine réputation plus tard ; Gobelin, un
vieux comédien ; Viot, assez bon chanteur ;

et de fort jolies femmes : Mmes Pichard, Dorvilliers et Lolofte.

*
* *

Deharme quitta la direction des Délassements-Comiques et fut remplacé par Bellavoine, qui resta peu de temps et ne fit pas de bonnes affaires.

Pendant deux ans la salle resta fermée.

*
* *

Un acteur de l'Ambigu, nommé Lebel, la rouvrit et fut assez heureux pour attraper deux succès.

Le premier fut obtenu par une parodie de *Tékéli*, mélodrame de Guilbert Pixérécourt, qui faisait courir tout Paris à l'Ambigu.

Cette parodie, intitulée *Kikiki!* avait pour auteurs Brazier, Varez et Saint-Clair ; ce dernier était acteur et chargé du principal rôle, dans lequel il imitait d'une manière très-originale l'acteur Taulin, de l'Ambigu.

* *

Lebel avait comme associés le général Thuringue et l'ancien acteur Beaulieu ; ils eurent l'idée, un jour, de monter la tragédie : *Le Tremblement de terre de Lisbonne*, dont l'auteur était ce maître André, perruquier-poète dont parle Voltaire, et à qui il renvoya un manuscrit annoté à chaque feuillet de ces mots : *Faites des perruques !...* *faites des perruques !...*

Écrite en 1757, cette tragédie n'en fut

pas moins dédiée par maître André à Voltaire qu'il appelle *mon cher confrère.*

Pendant trois mois, le *Tremblement de terre de Lisbonne* attira la foule aux Délassements-Comiques ; les loges étaient louées une semaine à l'avance, et les équipages stationnaient depuis l'entrée du faubourg du Temple jusqu'à la rue d'Angoulême ; cependant, les vers ne sont rien moins que remarquables ; en voici un échantillon :

Mon plus grand désir et ma plus grande ambition
N'est que de partager avec vous ce *bondon.*
Suzette, vitement, *prête-moi* un couteau,
On t'en rendra un qui sera beaucoup plus beau.

Le succès de la tragédie de maître André fut grand ; mais il n'empêcha pas la direction de Lebel de tomber. Le théâtre fut encore fermé une fois.

Après une clôture d'une année, vers
1805, permission fut accordée à M. Anicet
Lapôtre de l'exploiter de nouveau ; la salle
fut refaite, et décorée à neuf, et une bonne
troupe fut engagée.

Anicet Lapôtre se signala par une grande
activité ; grâce à son intelligence et à de
grands sacrifices d'argent, il était arrivé à
donner une impulsion heureuse au théâtre
qui prospérait, lorsqu'un décret impérial
daté de Saint-Cloud, le 9 août 1807, or-
donna la fermeture, pour le 15 du même
mois, de vingt-cinq petits théâtres, dont
quelques-uns, comme les *Délassements-Comiques*, étaient en pleine prospérité.

* *

Plusieurs auteurs qui ont obtenu de lé-
gitimes succès sur nos premières scènes,

ont commencé aux *Délassements-Comiques.*

Brazier, qui écrivit l'*Histoire des petits théâtres,* y fit représenter, seul ou en collaboration, un très-grand nombre d'ouvrages.

Sewrin fit jouer aux Délassements-Comiques *le Jaloux malade.*

De Rougemont y fit représenter *la Mère Camus,* vaudeville grivois.

De Servières, plus tard référendaire à la Cour des comptes, y donna un vaudeville poissard, *Y a de l'ognon.*

Dumersan composa pour ce théâtre une parade intitulée : *Gilles dans un potiron.*

Désaugiers y fit ses premières armes, et d'autres encore dont les noms ont été acclamés sur nos théâtres de genre ou sur nos scènes de premier ordre.

*
* *

Après sa fermeture, le théâtre des Délassements-Comiques fut démoli, à l'exception du vestibule et de la façade qui existaient il y a quelques années encore, et servaient à recevoir tantôt des animaux savants, des nains, des géants, tantôt des figures de cire. C'est là qu'il y a quinze ou vingt ans, on voyait le petit nain du théâtre Maffet, faisant la parade.

CHAPITRE X

L'EMPLACEMENT DES DÉLASSEMENTS-COMIQUES AU
BOULEVARD DU TEMPLE. — HISTORIQUE DU
THÉATRE DES ASSOCIÉS. — Mme SAQUÍ. — LE
THÉATRE DU TEMPLE.

Là où, en 1841, fut édifié le théâtre des
Délassements, s'élevait depuis 1770 environ,
une salle de spectacle dont voici l'origine.

*
* *

Parmi les artistes en plein vent qui firent la fortune et la réputation du Boulevard du Temple, il y avait un bateleur surnommé le Grimacier. Perché sur une chaise, il exprimait, grâce à une physionomie des plus mobiles et des plus grotesques, toutes les sensations que l'homme peut éprouver, la peur, la colère, le plaisir, etc. Sa dernière grimace était invariablement la même : il prenait une figure triste et suppliante, et le public, touché, ému, s'empressait de remplir l'escarcelle du Grimacier.

Quand sa réputation en pleint vent fut bien établie, il fit construire une baraque en bois, et, au lieu de tendre la main en plein air, il engagea le bon public à prendre des billets au bureau.

*
* *

La spéculation réussit ; le Grimacier céda sa baraque à un entrepreneur de marionnettes, en imposant comme condition qu'il resterait grimacier en chef et sans partage et qu'il paraîtrait dans les entr'actes.

La baraque s'appela désormais le *Théâtre des Associés.*

*
* *

En remontant à l'origine des théâtres du boulevard, on trouve que presque tous ont commencé par des marionnettes pour les remplacer petit à petit par *des comédiens en personnes naturelles*, comme annonçaient les crieurs placés autrefois à la porte des théâtres.

En 1774, les marionnettes, le Grimacier et la baraque en bois avaient disparu, et une salle était construite sur l'emplacement où se trouvait hier encore le théâtre des Délassements-Comiques.

*
* *

Les débuts ne furent pas exempts de vicissitudes. Il paraît même qu'on interdit le spectacle, que le Théâtre des Associés fut renvoyé du boulevard du Temple, car une autorisation du lieutenant de police, M. Lenoir, autorisa les Associés à y revenir en 1778.

*
* *

Dans leur pièce d'ouverture, les comé-

diens chantèrent les louanges de M. Lenoir;
les couplets sont détestables, mais ils sont
curieux comme naïveté et comme exemple
de palinodie.

Les voici :

I

La foire personnifiée.

Je revois la clarté du jour,
Et mon cœur se rouvre à l'amour.
Affreuse léthargie !
Je brave ton pouvoir ;
Ne crois pas que j'oublie
Lenoir... Vive *Lenoir* !...

II

Mondor.

Thémis protége nos essais ;
Amis, soyons sûrs du succès ;
Nanteuil (1) daigne y sourire.
Pour nous quel doux espoir !
Ne cessons de redire :
Vive, vive *Lenoir !...*

III

Un charbonnier.

Le feu qui nous brûle en ce jour
Vaut mieux que c'ti là de l'amour.

---

(1) Ce Nanteuil était le gendre de M. Lenoir.

6.

Si la reconnaissance
Devient not' premier d'voir,
Le cœur fait dir' d'avance :
Vive, vive *Lenoir* !...

IV

Première poissarde.

Les rubans que j'aimons le mieux,
Pour nous parer sont d'rubans bleus ;
Si Jérôm' veut me plaire,
Si Jérôm' veut m'avoir,
Je voulons qu'il préfère
Les noirs... Vive *Lenoir* !...

V

Deuxième poissarde.

Je n'oublirons jamais qu' c'est ly
Qui nous a fait r'venir ici :
L'portrait d'sa ressemblance,
Cheux nous j'voulons l'avoir,
J'ons dans l'cœur sa présence ;
Vive, vive *Lenoir!*...

Comme vous le voyez, ces couplets ne
sont pas de première force. Ils devraient
nous rendre un peu plus indulgents envers
ceux de nos Clairville contemporains.

*
* *

En même temps que le Théâtre des Associés expulsait les comédiens de bois et les remplaçait par des comédiens en personnes naturelles, le sieur Beauvisage, directeur, obtenait l'autorisation de donner des pièces du répertoire du Théâtre-Français, mais à condition qu'il en changerait les titres et qu'il les ferait précéder d'une représentation de marionettes.

Ainsi, au boulevard du Temple, *Zaïre* était devenue ;

LE GRAND TURC MIS A MORT;

Le père de famille s'appelait :

LES EMBARRAS DU MÉNAGE;

Beverley était baptisé :

LA CRUELLE PASSION DU JEU;

Quoique directeur, Beauvisage était acteur ; c'est lui qui faisait *Orosmane* dans *Zaïre* ; il cumulait en outre l'emploi de crieur ou d'aboyeur à la porte, invitant d'une voix enrouée le public à entrer dans son théâtre.

*
* *

Cet emploi d'aboyeur à la porte des théâtres n'était pas une sinécure ; il demandait des capacités spéciales.

L'aboyeur avait toute licence pour la rédaction et le style de l'annonce. Elle était presque toujours très-amusante, parfois très-originale.

Le crieur de Nicolet avait conquis une réputation comme l'un des plus prodigieux de ces tentateurs gagés.

Voici l'une de ses annonces :

« — Entrez, entrez, messieurs ! entrez, entrez, mesdames ! entrez voir le *Grand Festin de Pierre* ; M. Constantin remplira le rôle de *Don Juan*, et sera précipité dans les enfers, *avec toute sa garde robe!...* »

Le public ne résistait pas à de pareilles séductions, et le théâtre de Nicolet ne désemplissait pas !

*
* *

Il y a une vingtaine d'années, le théâtre des Funambules avait encore un aboyeur, annonçant les féeries de M. Champfleury, Deburau ou Paul Legrand !

Le dernier crieur a été ce petit bonhomme rabougri qui annonçait, d'une voix chevrotante, le spectacle à la porte du théâtre de M. Séraphin.

*
* *

A Beauvisage succéda comme directeur un sieur Sallé qui s'entendait fort bien, lui aussi, à faire valoir ses artistes, et ne s'en remettait qu'à lui pour faire l'annonce destinée à attirer le public.

C'est le sieur Sallé qui, lorsqu'il donnait le *Grand Festin de Pierre ou l'Athée foudroyé*, dont le rôle de Don Juan était joué par Pompée, annonçait qu'il changerait douze fois de costume, et faisait passer la garde-robe de son premier sujet sous les yeux du public rassemblé à la porte.

*
* *

Sallé était acteur et jouait les arlequins.
Il était borgne et avait choisi cet emploi
afin de pouvoir cacher sous le masque
cette infirmité.

*
* *

La troupe du Théâtre des Associés se
composait à cette époque des sieurs Pompée, Adnet, Pisarre, Saint-Albin, Jullien,
Deleutre, Dorival, et des dames Fleury,
Pompée, Rolland, Petit, etc...

*
* *

Nous ne savons pas si tous ces artistes
avaient du mérite, mais ils attiraient le
public, et MM. de la Comédie-Française

firent un jour défendre par huissier au sieur Sallé de représenter sur son théâtre aucune pièce de leur répertoire.

* *
*

Ennuyé de cette défense, le sieur Sallé écrivit aux comédiens la lettre suivante :

« Messieurs, je donnerai, demain dimanche, une représentation de *Zaïre* ; je vous prie d'être assez bons pour y envoyer une députation de votre illustre compagnie ; et si vous reconnaissez la pièce de Voltaire, après l'avoir vu représenter par mes acteurs, je consens à mériter votre blâme, et m'engage à ne jamais la faire rejouer sur mon théâtre. »

Lekain, Préville et quelques autres artistes de la Comédie-Française se rendirent à l'invitation du sieur Sallé, et ils rirent tant à la représentation de *Zaïre*, que, le lendemain, ils écrivirent au directeur que les Comédiens français lui permettaient à l'avenir de jouer toutes les tragédies du répertoire.

*
* *

Le Théâtre des Associés conserva ce privilége jusqu'à la Révolution, qui renversa tous les priviléges, et permit à tous les théâtres de jouer indifféremment le drame, la tragédie, la comédie, l'opéra ou le vaudeville.

Si nous en croyons l'*Almanach des Spectacles de* 1792, le théâtre ne gagna pas à ce nouvel état de choses.

« Le Théâtre des Associés, — dit ce recueil, — ayant expulsé les comédiens de bois, se trouva en quelque sorte le second Théâtre-Français existant à Paris. Lui seul eut la jouissance anticipée de ce que les décrets ont accordé depuis aux autres théâtres. Il jouait les pièces de tous les répertoires ; et, ce qu'il y a de singulier, c'est qu'il est aussi le seul qui ait perdu au nouvel état de choses : car il avait trouvé le moyen de représenter, sans réclamations, les pièces des auteurs vivants, ce qu'il ne peut faire aujourd'hui. »

*
* *

A la Révolution, le Théâtre des Associés avait encore perdu son nom; il s'appelait désormais le *Théâtre Patriotique*!

Le sieur Sallé mourut en 1795.

* * *

Le nouveau directeur fut Prévost. Il avait joué sur ce théâtre, et, quelques années auparavant, il avait, sur ce même boulevard du Temple, montré un spectacle de curiosités.

A l'arrivée de Prévost, le Théâtre Patriotique quitta son nom pour celui de *Théâtre sans prétention*.

Prévost cumulait, ou plutôt il faisait tout par lui-même; il était directeur, auteur, acteur, répétiteur, régisseur, souffleur, décorateur, buraliste, lampiste, machiniste, etc.

*
* *

Prévost attachait une grande importance à ses œuvres dramatiques; c'étaient cependant de pauvres productions, écrites dans une langue impossible.

Dix-sept de ses pièces, — et c'est bien assez ! — ont été imprimées; elles portent toutes que l'auteur en poursuivra les contrefacteurs, — comme s'il était possible, dit un de ses contemporains, de contrefaire un style et des conceptions semblables.

*
* *

Voici les titres de quelques-unes de ses œuvres :

Victor ou l'Enfant de la forêt ; — l'Unité du divorce ; — l'Aimable vieillard ; — la Marchande d'amadou ; — les Deux contrats ; — les Femmes duellistes ; — le Gras et le Maigre ; — la Crânomanie ; — le Retour d'Astrée ; — le Jacobin espagnol ; — Repentir et générosité, — le Valet à trois maîtres ; — la Ribotte du savetier : — les Victimes de l'ambition ; — la Vengeance inattendue ; — un Tour de carnaval.

*
* *

Dans la salle du Théâtre sans prétention, le public pouvait lire une pancarte ainsi conçue :

« Les personnes qui veulent se procurer des exemplaires des pièces du citoyen Prévost, peuvent s'adresser aux ouvreuses de loges. »

Sur l'affiche placée à la porte, il faisait autant que possible *mousser* ses œuvres ainsi, il annonçait :

« *Victor, ou l'enfant de la Forêt*, mélodrame en cinq actes, du citoyen Prévost, le premier qui ait traité ce sujet, d'après le roman du citoyen Ducray-Dumesnil. »

*
* *

Enfin, dans ses préfaces, Prévost cherchait surtout à défendre ses pièces sous le point de vue de la morale :

« Si l'on plaisante mes ouvrages, disait-il dans l'une de ces préfaces, on ne peut cependant me reprocher d'avoir corrompu les mœurs par des pièces licencieuses, et il ne restera après moi aucune trace d'inconduite ; ni que je me sois dérangé dans mon ménage, ni aucun écrit qui puisse prouver mon immoralité, et qui ait jamais dénigré personne ; ainsi, l'on ne me verra pas obligé de faire au lit de la mort amende honorable comme le fameux La Harpe !... »

*
* *

Les principaux acteurs du Théâtre sans prétention étaient :

MM. Dugy, Rivière, Auguste, Josquin, Leroy, Lefranc, Henry, Mériel, Dumas, Richardi, Blivet, Carnel, Sallé (fils de l'ancien directeur des Associés);

Mmes Prévost, Lautier, Émilie, Josse, etc.

*
* *

Après des alternatives de succès et de hutes, le Théâtre sans prétention fut ermé en 1807, en vertu du décret impé-ial du 9 août 1807, que nous avons cité ans le chapitre précédent.

*
* *

Prévost fut ruiné, mais il ne voulut rien aire perdre à personne, et il fit placarder sur les murs de Paris une affiche que Brazier

7

a reproduite et qui mérite d'être con-
servée :

« Les personnes à qui le citoyen Prévost
est redevable de quelque chose, peuvent
se présenter à la caisse tous les jours, depuis midi jusqu'à quatre heures. »

Les faits de cette nature ne sont pas si
communs pour qu'on les passe sous si-
lence.

*
* *

En 1820, le directeur du Théâtre sans
prétention montrait une petite lanterne ma-
gique dans le jardin Marbœuf; en 1830, il
mourut dans la plus affreuse misère, lais-
sant au moins une réputation de parfait
honnête homme.

*
* *

Quelques auteurs dont le nom retentit plus tard sur des scènes plus élevées, débutèrent sur ce petit théâtre dont la salle resta fermée jusqu'en 1809.

A cette époque, elle rouvrit sous le titre de *Café d'Apollon*; le parterre était garni de tables, ainsi que les loges, et, moyennant une consommation, le public écoutait une romance, une scène comique, ou assistait à une pantomime-arlequinade à trois personnages seulement.

**

Le Café d'Apollon disparut en 1815. Alors Mme Saqui obtint le privilége et le droit d'en faire une salle de spectacle.

***

Aux termes de son privilége, Mme Saqui ne devait faire paraître que des danseurs et des sauteurs, ou faire jouer des pantomimes-arlequinades.

Après s'être conformée d'abord aux exigences de ces clauses, Mme Saqui empiéta peu à peu sur le genre de ses voisins, et fit représenter de grandes pantomimes, des comédies, des opéras et des vaudevilles.

En 1830, la révolution de juillet donna aux théâtres une liberté dont ils usèrent largement.

*
* *

Cette année-là, Mme Saqui vendit son privilége au sieur Roux, dit Dorsay, qui avait été acteur au Théâtre Molière, et qui joua aussi sur son théâtre, auquel il donna le nom de *Thédtre du Temple*. Ce Dorsay, fort mauvais acteur, jouait, cela va sans dire, les premiers rôles comiques.

Ce théâtre, où l'on interprétait tous les genres — excepté la tragédie — ferma ses portes le 30 juin 1841.

Démoli et réédifié, il rouvrit ses portes comme nous l'avons dit plus haut, le 6 octobre de la même année, sous le titre de *Délassements-Comiques*.

*
* *

Maintenant que nous avons, aussi exactement que possible, retracé l'histoire des Délassements-Comiques depuis leur fondation jusqu'à nos jours, il nous reste à faire des vœux pour la prospérité de cet inté-

ressant théâtre. Nous les faisons ardents
et sincères : nous lui souhaitons une longue
série de succès, la fortune et la gloire.

15 mai 1862.

FIN.

TABLE DES MATIÈRES

———

FIN DE LA TABLE.

Paris. — Imp. VALLÉE et Ce, rue Breda, 15.

7e Année

FIGARO – PROGRAMME

Théâtre, Littérature, Beaux-Arts, Finance

SEUL JOURNAL DE THÉATRE DONNANT LE COURS DE LA BOURSE

—

Rédacteur en chef : JULES NORIAC

21, rue de Provence

—

ABONNEMENT : PARIS

Un mois.	5 fr.
Trois mois	12
Six mois.	24

SOUS PRESSE :

LES THÉATRES DE PARIS

LE CIRQUE. — LA GAITÉ. — LE THÉATRE-LYRIQUE.
LES FOLIES-DRAMATIQUES

PARAITRONT ENSUITE :

L'AMBIGU-COMIQUE. — LA PORTE-SAINT-MARTIN. — LE GYMNASE.
— LES VARIÉTÉS. — LE VAUDEVILLE. — LE PALAIS-ROYAL. —
L'OPÉRA. — LE THÉATRE-FRANÇAIS.
— L'OPÉRA-COMIQUE. — LES BOUFFES-PARISIENS. —
LE THÉATRE-ITALIEN — L'ODÉON.

www.ingramcontent.com/pod-product-compliance
Lightning Source LLC
Chambersburg PA
CBHW060608100426
42744CB00008B/1360